IDENTITÉ DU RÔLE

DE L'AUXILIAIRE *AVOIR* ET DU VERBE كان

LIÉ AVEC UN AUTRE VERBE,

PAR MAHMOUD ÉFENDI, ÉGYPTIEN.

PARIS.

IMPRIMERIE IMPÉRIALE.

M DCCC LIX.

IDENTITÉ DU RÔLE

DE L'AUXILIAIRE *AVOIR* ET DU VERBE كان

LIÉ AVEC UN AUTRE VERBE,

PAR MAHMOUD ÉFENDI, ÉGYPTIEN.

EXTRAIT N° 4 DE L'ANNÉE 1859

DU JOURNAL ASIATIQUE.

[Library stamp]

IDENTITÉ DU RÔLE

DE L'AUXILIAIRE *AVOIR* ET DU VERBE كان

LIÉ AVEC UN AUTRE VERBE.

Par quel verbe ou, plus généralement, par quel mot le verbe auxiliaire *avoir* peut-il se rendre en arabe?

Pour arriver à la solution de cette question d'une manière méthodique, je la réduis à celle-ci :

Y a-t-il en arabe un verbe qui équivaille au verbe auxiliaire *avoir*, de sorte qu'on puisse, par son secours, rendre fidèlement en arabe une phrase dans la construction de laquelle entre cet auxiliaire?

Si l'on se borne aux écrits des grammairiens arabes, on sera porté à répondre négativement, car le mot *verbe auxiliaire* leur est complétement inconnu. La classification des verbes en formes simples et en formes composées, comme on l'entend en français, n'entre pas dans le génie de leur langue; mais la question, telle que nous l'avons posée, trouve sa solution ailleurs. Il suffit de faire parler un Arabe, de l'amener à répondre en temps composés, de lui changer les demandes, tout en le forçant de répondre dans le même temps, et d'examiner ensuite ses réponses, qui doivent être toutes de même forme de temps. Si vous y trouvez un mot constant, marquez-le et répétez la même chose dans les autres temps composés; si le même mot se trouvait également ment dans chacun de ces temps, d'une manière constante, quoique sous forme différente, vous pouvez conclure que ce même mot est l'équivalent de votre auxiliaire *avoir;* et, pour être plus sûr encore, cherchez, dans les écrits des Arabes, de pareilles phrases, et vous serez à même de juger sainement si le mot en question ne joue pas le même rôle que l'auxiliaire *avoir* et s'il n'en rend pas l'idée.

C'est ainsi que nous allons procéder pour la solution de notre question. Mais disons d'abord quelques mots sur le futur et le passé dans leurs acceptions générales. Le verbe qui exprime une action qui n'a pas encore été faite au moment de la parole est un verbe au futur, en arabe comme en français; le futur simple des Français répond donc à celui des Arabes.

Le prétérit, chez les Arabes, est défini ainsi :

والماضى ما دل على حدث مضى وانقطع

« Le prétérit ou passé est un mot[1] qui exprime une action complétement passée.»

[1] Le verbe, en arabe, est (وأقترن حدث على دل ما والفعل) un mot qui exprime une action tout en indiquant un temps (بزمان).

La portion du temps où l'action a été faite et qui
sert, suivant son écoulement en partie ou en tota-
lité, à définir ou le passé indéfini, ou le passé défini,
n'est prise ici, comme on le voit, en aucune consi-
dération. Le passé indéfini et le passé défini se con-
fondent donc ensemble en arabe. C'est le sens de la
phrase, au défaut de quelques particules, qui doit
indiquer à un Français celui des deux prétérits que
le verbe arabe désigne; mais l'on voit sans peine que
ce prétérit en lui-même, c'est-à-dire sans aucune modification, correspond, dans tous les points et d'une
manière rigoureuse, au passé indéfini en français.
Le verbe auxiliaire, dans le passé indéfini, n'a donc
aucun équivalent en arabe, le prétérit y étant indiqué par un seul et simple verbe : قرأت « j'ai lu ».
Mais, en échange, nous allons voir que l'imparfait,
forme simple en français, ne peut être rendu en
arabe que par la réunion de deux verbes dont l'un
exprime l'action et dont l'autre détermine le temps,
et joue ainsi le rôle d'un verbe auxiliaire.

En effet, l'Arabe qui demande à un de ses amis
qui aurait passé quelque temps à Paris :

ما كنت تفعل فى باريس انت واخوك وابوك وامك

« Que faisiez-vous à Paris, toi, ton frère, ton père
et ta mère? » et l'autre qui lui répond :

اما انا فكنت احضر مجالس العلم واما اخى فكان يبيع
ويشترى واما ابى وامّى فكانا يمضيان معظم نهارها فى
المحادثة والمفاكهة مع الاصحاب

« Moi, j'assistais aux cours scientifiques; mon frère achetait et vendait; mon père et ma mère passaient la plus grande partie de la journée en paroles et causeries avec leurs amis », rendent les mots : « vous faisiez, j'assistais aux cours, achetait et vendait, ils passaient,..... etc. » par

كنت تفعل — كنت احضر — كان يبيع ويشتري — كانا يمضيان

Le second de chacun de ces verbes composés exprime l'action en but, mais au présent :

تفعل — احضر — يبيع ويشتري — يمضيان

Le premier, qui n'est autre chose que كان (être) s'accordant en genre et en personne avec le verbe principal, est au prétérit; et il indique simplement que l'action exprimée au présent par le verbe principal était complétement passée au moment de la parole. Ces verbes arabes expriment donc des actions rapportées à un temps présent qui se trouve complétement passé au moment de la conversation; c'est exactement l'imparfait français dans toute son acception; car l'idée même de la répétition de l'action d'avoir eu l'état indiqué par le verbe comme habitude, pour ainsi dire, se trouve aussi bien comprise par « j'assistais » (c'est-à-dire plus d'une fois, habituellement) que par كنت احضر (يعني كان للحضور عادتي).

Cette forme est trop répandue dans le Coran et dans les écrits des Arabes pour qu'il faille en parler davantage. Je passe donc au but principal de cette notice.

PLUS-QUE-PARFAIT.

Si l'on dit :

لِمَ لَمْ تَبِع دَارَك لِفُلَان وقَد كنتَ عشمتهُ ان تبيعها له

« Pourquoi n'as-tu pas vendu ta maison à un tel, et pourtant tu lui avais fait espérer de la lui vendre? »

Et que l'on réponde :

لأنه لم يرد ان يدفع لى فيها الا سبعة الاف درهم مع انـه
كان وعدنى عشرة الاف

« Parce qu'il n'a voulu me la payer que sept mille dirham, et pourtant il m'en avait promis dix mille », l'on se trouve avoir exprimé par كنتُ عشمتـ « tu avais fait espérer », et par كان وعدنى « il m'avait promis », une action complétement passée relativement à une autre également passée au moment de la conversation, et l'on tombe, par conséquent, dans la forme du plus-que-parfait en français.

Or chacun des verbes composés كنتُ عشمتـ et كان وعد se compose d'un verbe principal, عشم, وعد, etc. dans le prétérit, et d'un verbe secondaire, كان, qui se répète dans les deux, étant toujours au prétérit et s'accordant avec l'autre en genre et en personne. La seule modification qu'apporte ce verbe secondaire (كان), par sa réunion avec l'autre, est la conversion du temps de l'action énoncée par

cet autre, en un autre temps antérieur à celui qu'indique celui-ci (qui est عشم, وعد, etc.).

Le verbe كان joue donc ici absolument le même
rôle que le verbe auxiliaire *avoir* : ان عشمته كنت
تبيعها له « tu lui avais fait espérer de la lui vendre, »
كان وعدنى عشرة الاف « il m'avait promis dix mille. »

Voici du reste d'autres exemples tirés des écrits
des Arabes et du Coran, qui nous amènent à la même
conclusion :

1° ..... وقد كنا قدمنا ان ادراكها على نوعين

« ..... Nous avions avancé que sa conception se
fait de deux manières [1]..... »

2° وعدلوا عما كانوا هموا به

« Et ils abandonnèrent ce qu'ils avaient tenté de
faire [2]. »

3° ان كنت قلته فقد علمته

« Si je l'avais dit, tu l'aurais su [3]... », etc. etc.

Le verbe auxiliaire *avoir*, dans le plus-que-parfait, doit donc se rendre par كان en arabe; aussi je
rends, par exemple :

« Les nymphes *avaient eu soin d'allumer* en ce lieu
un grand feu de bois de cèdre, dont la bonne odeur
se répandait de tous côtés, et elles y *avaient laissé*
des habits pour les nouveaux hôtes », par :

وكانت العذارى قد اشعلت فى هذا المكان نارا عظيمة

<hr>

[1] *Notices des manuscrits de la Bibliothèque*, t. XVI, 1re partie,
p. 188.

[2] Voir le même ouvrage, p. 350.

[3] Coran.

من حطب الارز فكان غبيق ريحه يملاء الارجاء ثم انهـن كن ترکن فى المكان المذكور ملابـس للضيفـين للحـديثى العهـد

PASSÉ ANTÉRIEUR.

En suivant la même marche que nous avons suivie pour le plus-que-parfait, on verra que les Arabes ne font presque pas de différence entre la forme du plus-que-parfait et celle du passé antérieur; une particule, qui sert à montrer que l'action antérieure était finie lorsque l'autre commença, est nécessaire à l'arabe pour exprimer l'idée qu'entend le français par son passé antérieur : وكنت فرغت من درسى وقت بجئ زيد « J'eus fini mon cours lorsque Zaïd vint ».

Le mot وكنت فرغت répond rigoureusement à « j'avais fini », où l'action de finir peut avoir eu lieu aussi bien au moment de l'arrivée de Zaïd que dans tout autre moment antérieur à cette arrivée. C'est le mot وقت qui détermine le premier cas et fixe à كنت فرغت l'idée qu'exprime « j'eus fini ».

Quoi qu'il en soit, l'on voit que l'auxiliaire *avoir*, dans la forme du passé antérieur, se rend également par le verbe كان en arabe.

Passons à présent au futur passé, dernière forme composée du mode de l'indicatif.

FUTUR PASSÉ.

Si par vos demandes vous obligez un Arabe à

vous répondre dans la forme que vous appelez *futur passé*, il vous dira :

حين يرجع ابى من سفره اكون قد اصبت مالا كثيرا

ويكون اخى قد ترقى الى رتبة امير الالاى وتكون الاعداء

قد رفعت الحصار عن المدينة

« Lorsque mon père reviendra de son voyage, *j'aurai acquis* beaucoup de fortune; mon frère *aura eu* le grade de colonel et les *ennemis auront levé* le siége de la ville ». Et il se trouve avoir exprimé par تكون الاعداء قد et يكون اخى قد ترقى — اكون قد اصبت رفعت. . . . . . etc. de véritables formes du futur passé; « j'aurai acquis, mon frère aura eu le grade de . . ., les ennemis auront levé le siége de. . . . . . ».

Les verbes composés, يكون ترقى — اكون اصبت... etc. se forment, comme dans les autres formes composées, du verbe كان, qui est ici au futur, et d'un verbe au passé ترقى — اصبت...etc. qui exprime l'action principale. Le verbe كان, réuni avec l'autre, semble nous dire que l'action désignée au passé par le verbe n'aura lieu que dans un temps futur, et qu'elle sera passée avant l'accomplissement d'une autre action exprimée dans la phrase ou sous-entendue. كان joue donc le même rôle dans يكون اخى قد ترقى — اكون قد اصبت .... etc. que l'auxiliaire *avoir* dans « j'aurai acquis, mon frère aura eu..... etc. » D'où il résulte que le verbe كان est ici, comme dans les autres temps composés, l'équivalent fidèle de l'auxiliaire *avoir*.

Cette forme de temps ne fait pas défaut dans les écrits des Arabes : nous en donnons un exemple pris d'Ebn-Khaldoun[1]. Ce savant, pour indiquer à ses lecteurs la prononciation des lettres qui leur sont étrangères, s'exprime ainsi :

فعلى هذا القياس اضع للحرف المتوسط بين حرفين......

من لغتنا بالحرفين معًا ليعلم القارى انه متوسط فينطق به

كذلك فنكون قد دللنا عليه......

« De cette manière, je désignerai la lettre étrangère à notre alphabet et dont la prononciation tombe entre celle de deux de nos lettres, par ces deux mêmes lettres à la fois, afin que le lecteur sache que cette lettre est médiale et qu'il la prononce comme telle, et nous en aurons ainsi bien indiqué la prononciation. »

FORMES COMPOSÉES DANS LES AUTRES MODES.

Le verbe auxiliaire *avoir* se rend également par كان dans le conditionnel, le subjonctif et l'infinitif passé.

Je n'entre pas ici dans beaucoup de détails ; quelques exemples suffisent pour prouver ce que j'avance.

CONDITIONNEL.

يقول جمار الحكيم توما

لو انصف الدهر كنت اركب

<hr>

[1] *Notices des manuscrits de la Bibliothèque*, t. XVI, 1ᵉ partie, p. 55.

لأَنَّ جهلي جهل بسيط

وجهل صاحبي جهل مركب

« L'âne du docteur Thomas dit : « Si le sort était
« juste, *j'aurais monté* mon maître ; car mon igno-
« rance est simple et la sienne est double[1]. »

J'aurais monté est la traduction fidèle de كنت
اركب ; le verbe *avoir* est donc ici encore l'équivalent
de كان.

فـوالله لـولا ان اجيء بسـنـة

تجر على اشياخنا فى المحافـل

لكنا اتبعنـاه على كل حـالة

من الدهر جدًّا غير قول التهازل

« Dieu m'est témoin que si je ne craignais pas de
faire une hérésie qui gênât nos vieillards dans les
assemblées, nous *aurions déjà suivi* sa religion en tout
et sérieusement[2]. »

Les mots لكنا اتبعنا se rendent par « nous aurions
suivi », et l'on voit que le verbe كان est toujours
l'équivalent de l'auxiliaire *avoir*.

[1] C'est-à-dire : « Je suis ignorant et je le sais ; mais mon maître est
ignorant et il ignore qu'il est ignorant ; donc il est doublement ignorant, et c'est moi, par conséquent, qui devrais le monter et le con-
sidérer comme âne. »

[2] Ces deux vers font partie d'un poème qu'Abou Thaleb fit pour
soutenir la cause de son neveu Mohammad. (Voir *Sirat Ebn-Hicham*,
p. 176, édit. de Wüstenfeld.)

لقد قلت فاحسنت ولو كان الحل مما هو لكان احسن

« Vous avez bien dit; mais si votre poésie (ou votre personnage) avait eu plus de caractère, ç'aurait été encore mieux[1]. »

Ç'aurait été mieux répond à لكان احسن, et l'auxiliaire répond à كان.

SUBJONCTIF.

Les Arabes n'ont pas un mode spécial pour le subjonctif; mais ils en savent préciser l'idée telle qu'on l'entend en français. Leurs écrits en sont remplis; en voici des exemples dans les formes composées :

La phrase suivante :

لا يدخل رجل منهم الكعبة حتى تكون انت تفتحها له

« Personne n'entrera à la Kâbah que vous n'en ayez ouvert la porte[2] », représente un prétérit du subjonctif.

Les mots حتى تكون انت تفتحها « que vous n'en ayez ouvert la porte » montrent que les Arabes se servent également de l'auxiliaire كان pour exprimer l'idée du mode (dans les formes composées) que les Français appellent *subjonctif*.

Autre exemple :

انا لنرجوان يكون الله قد رضى ما اردنا

[1] Voir *Sirat Ebn-Hicham*, etc. p. 89.
[2] Ce sont des paroles que Cossaï, un des aïeux de Mohammad, dit à son fils Ab-Doul-Dar, pour l'investir de la garde de la Kâbah. (Voir *Sirat Ebn-Hicham*, p. 83, édit. de Wüstenfeld.)

« Nous désirons que Dieu ait vu d'un bon œil (ait approuvé) ce que nous avons voulu faire [1], » où l'on voit toujours que l'auxiliaire *avoir* se rend par كان.

Enfin la phrase suivante représente en arabe une véritable forme de plus-que-parfait du subjonctif en français :

وكنت اخشى ان يكون قد افترسه السبع

« Je craignais que le lion ne l'eût dévoré. »

On y voit également que l'auxiliaire est rendu par le verbe arabe كان.

INFINITIF PASSÉ.

L'arabe qui dit :

ثم انه صار فقيرا بعد ان قد كان جمّع مالا كثيرا

« Et il est devenu pauvre après *avoir* [2] amassé une grande fortune », entend par ان كان جمّع ce que le français entend par « avoir amassé », et l'auxiliaire *avoir* est encore rendu ici par le verbe كان, son véritable équivalent.

— La phrase suivante : وحدّهم القاضى لكوتهم شربوا الخمر répond rigoureusement à « le cadi les a punis d'avoir bu du vin », et l'infinitif كون répond encore à *avoir*.

L'ensemble de tout ce que nous venons de dire nous amène donc à cette conclusion :

---

[1] Voir *Sirat Ebn-Hicham*, p. 122, édit. de Wüstenfeld.

[2] Si l'on pouvait dire : *avoir eu amassé*, cela rendrait mieux l'idée exacte de l'arabe ان كان جمّع.

Que le verbe كان en arabe est l'équivalent unique de l'auxiliaire *avoir* en français; c'est-à-dire que c'est par son secours qu'on peut rendre fidèlement en arabe tous les temps composés en français (le passé indéfini de l'indicatif étant excepté), et que l'on doit, réciproquement, rendre en français le verbe كان dans les formes يكون قد ضرب, كان ضرب..... etc. (la forme كان يضرب est exceptée, c'est un imparfait), par l'auxiliaire *avoir* (ou par l'auxiliaire *être*).

Les Arabes, il est vrai, peuvent, dans certains cas, se passer de l'auxiliaire كان; mais, pour bien se rendre compte des divers temps dont les Français ne peuvent saisir les nuances sans avoir recours à l'auxiliaire *avoir* ou *être*, ils sont obligés également d'employer le verbe كان comme auxiliaire[1] (mais sans s'en douter et sans en faire aucun cas).

Parmi les trois ou quatre petites grammaires que j'ai vues, M. Caussin de Perceval est le seul qui formule dans la sienne (*Grammaire d'arabe vulgaire*), et en peu de mots, les mêmes idées que je viens de développer et de généraliser. Les autres, tout en se servant du verbe كان pour rendre en arabe quelques-uns (plus ou moins) des temps composés, ne paraissent pas comprendre la parfaite analogie qu'a ce verbe avec l'auxiliaire *avoir*, et que, sans son se-

---

[1] Je parle ici en général. La manière de construire la phrase et le jeu des particules arabes permettent quelquefois de rendre en arabe les formes composées en français sans avoir recours à l'auxiliaire كان, et *vice versa*. Le cadre de cette notice ne permet pas d'en donner des détails.

cours, il est bien difficile de rendre les nuances des divers temps composés.

Quelle mauvaise idée les Français n'auraient-ils pas de la langue arabe, si nous rendions (comme le fait M. Soliman al-Haraïri dans sa traduction de la grammaire de Lhomond) toutes les formes (simples ou composées) du subjonctif français par ان احب, ان يحب, ان تحب...etc.?

Quelle difficulté l'élève n'éprouverait-il pas s'il voyait, *que j'aime*, *que j'aimasse*, *que j'aie aimé* et *que j'eusse aimé*, se rendre indistinctement par ان احب? Certes, cela ne vient pas d'une pauvreté dans la langue arabe ni d'une irrégularité dans sa construction, mais de l'idée inexacte que le traducteur se fait de l'auxiliaire *avoir* en le traduisant par عند, ainsi que de son peu de connaissance du rôle important que le verbe كان doit jouer ici.

Les exemples et les citations que j'ai rapportés en donnent une idée assez nette.

En effet, si vous dites, par exemple :

« Je craignais qu'il ne l'eût aimée sérieusement », l'action d'*aimer* pourrait bien avoir été accomplie lorsque j'en ai éprouvé la crainte et elle ne pourrait qu'être antérieure à cette crainte.

Or si nous rendions « qu'il eût aimé » par ان يحب, notre proposition serait rendue par وكنت اخاف ان يحبها يحد; mais cette traduction est faussé, car le sens arabe fixerait ici l'action d'aimer comme se passant après la crainte ou *simultanément*, absolument comme dans « je crains qu'il ne l'aime » (اخاف ان

يحبها). Notre phrase ne peut ainsi être fidèlement rendue en arabe que par وكنت اخاف ان يكون احبها, où ان يـكـون احبها répond rigoureusement à بجد « qu'il l'eût aimée ».

Après avoir *établi* l'identité du rôle de l'auxiliaire *avoir* et celui du verbe كان, et prouvé que l'un n'est autre chose que l'autre, disons quelques mots, en terminant, de la manière dont ce verbe peut se rendre en arabe quand il est pris dans son acception propre, c'est-à-dire comme un verbe actif signifiant posséder en général.

Ce verbe ne doit et ne peut être rendu en arabe que par un verbe ayant la même signification (ou à peu près) comme ملك, حاز....... etc.

Il répond quelquefois au verbe كان et aux verbes de la même catégorie, que les Arabes sous-entendent dans certaines locutions; comme عندك — لى اخ واحد — لكم دينكم ولى دينى — بى الم — ثلاثة من كتبى ...... etc. car ces phrases sont pour كائن عندك — كائن لى اخ واحد — دينكم كائن لكم — كائن او واقع بى الم — ثلاثة من كتبى وديني كائن لى ...... qui veulent dire : 1° *Est pour moi un seul frère* ou *j'ai un seul frère;* 2° *Sont chez toi trois de mes livres* ou *tu as trois de mes livres;* 3° *Existe en moi un mal* ou *j'ai mal;* 4° *Votre religion est pour vous et ma religion est pour moi* ou *vous avez votre religion et j'ai la mienne.*

L'on voit, d'après cette courte analyse, que ce n'est ni عند, ni la préposition ل ou ب...... etc. qui répondent au verbe *avoir* dans les exemples précédents, mais que c'est le verbe auquel se rapportent لى, عندك, فى ..... etc. et qui est, en tous ces exemples, le sous-entendu كان.

Le verbe كان (généralement sous-entendu), lié avec une préposition ou avec une particule en général, peut à la rigueur répondre au verbe *avoir* pris dans son sens absolu. Les mots *j'ai soif* (انا عطشان)— *j'ai froid* (انا بردان)..... etc. peuvent bien se rendre par كائن فى برد —(كائن فى عطش (pour فى عطش — فى برد)... etc. Les mots *je n'ai rien — il y a là d'autres affaires*.... etc. se rendent également par لا شئ لى et وهناك امور أُخَر —(لا شئ كائن لى أُوى (pour لا شئ فى ou (pour وكائن هناك امور أُخَر) ..... etc. Enfin la phrase suivante, ولم يكن له شريك فى الملك, se rend bien par « il n'a aucun associé dans la souveraineté ». Mais, pour former le tableau de la conjugaison du verbe *avoir* et pouvoir reproduire en arabe la valeur de chacune de ses formes, il faut le rendre par un verbe flexible par lui-même, c'est-à-dire sans qu'il ait besoin de l'association d'une particule.

Quoi qu'il en soit, que résulterait-il si, se rapportant à l'extérieur des phrases précédentes, l'on rendait le verbe actif *avoir* par عند, par exemple, comme l'a fait M. Soliman al-Haraïri[1]? On tomberait dans le même inconvénient que ce savant, c'est-à-dire que l'on serait réduit, même en faisant reparaître le sous-entendu كان, à ne faire, dans la conju-

---

[1] Voir sa traduction de la Grammaire de Lhomond.

gaison, que des amas de mots qui n'exprimeraient nullement les nuances des différentes formes de temps et de modes; on serait enfin réduit comme lui à rendre indistinctement *j'eus, j'avais, j'eus eu, j'avais eu, j'aurais eu, j'eusse eu*...... etc. par كان عنده; *j'aurai, j'aurai eu*..... etc. par يكون عنده, et *j'ai, j'ai eu* ..... etc. par عنده.

MM. Farès et Dugat, pour ne pas embarrasser l'élève du double rôle du verbe *avoir* (comme auxiliaire ou actif), se sont abstenus de traduire ce verbe dans leur intéressante grammaire; mais tout en avouant que ce verbe (pris dans son sens absolu) se rend par حاز, ملك..... etc. et qu'il se conjugue ainsi comme la quatrième conjugaison.

Notre savant compatriote, le directeur de l'école des langues en Égypte, Rifâa Bey, traduit également ce verbe par ملك. L'érudition de ce grand maître, en arabe et en français, en fait une autorité, et c'est par ملك ou حاز que nous devons, à son exemple, rendre le verbe *avoir* dans son acception absolue[1].

---

[1] C'est en traduisant ce verbe par un mot qui soit un verbe, conformément au bon sens, qu'on arrive en effet à rendre, en arabe, toutes les nuances de ses divers temps.

EXTRAIT N° 4 DE L'ANNÉE 1859

DU JOURNAL ASIATIQUE.

www.ingramcontent.com/pod-product-compliance
Lightning Source LLC
LaVergne TN
LVHW020408060726

842525LV00006B/1997